Social Media für Klein Betriebe und Einzelunternehmen

Einleitung

Einleitung:

Eine effektive Nutzung von Social Media ist heutzutage von großer Bedeutung, nicht nur für große Unternehmen, sondern auch für kleine Betriebe und Einzelunternehmen. In dieser Einführung möchten wir die Relevanz von Social Media für Kleinbetriebe und Einzelunternehmen hervorheben und Ihnen einige Gründe aufzeigen, warum Sie diese Plattformen in Ihre Geschäftsstrategie integrieren sollten.

Die sozialen Medien haben in den letzten Jahren einen beeindruckenden Aufstieg erlebt und sind zu einem integralen Bestandteil unseres täglichen Lebens geworden. Plattformen wie Facebook, Instagram, LinkedIn und viele andere bieten Unternehmen die Möglichkeit, ihre Reichweite zu erweitern, Kunden zu erreichen und ihre Markenbekanntheit zu steigern.

Für Kleinbetriebe und Einzelunternehmen bieten Social Media viele Vorteile, die es ihnen ermöglichen, mit den Großen in der Branche zu konkurrieren. Diese Plattformen sind kosteneffizient, leicht zugänglich und bieten die Möglichkeit, gezielte Zielgruppen anzusprechen. Egal, ob Sie lokale Dienstleistungen anbieten oder Produkte online verkaufen - Social Media kann ein wertvolles Werkzeug sein, um Ihr Geschäft auszubauen.

In diesem Leitfaden werden wir verschiedene Aspekte der Nutzung von Social Media für kleine Betriebe und Einzelunternehmen behandeln. Wir werden Strategien zur Kundenbindung, Content-Erstellung, Anzeigenmanagement und vieles mehr erkunden. Unser Ziel ist es, Ihnen die erforderlichen Informationen und Ratschläge zur Verfügung zu stellen, um Social Media erfolgreich in Ihre Geschäftsstrategie zu integrieren und Ihr Unternehmen zu fördern.

Ich hoffe, dass Sie aus diesem Leitfaden wertvolle Erkenntnisse und praktische Tipps mitnehmen können, die Ihnen dabei helfen, die Welt der sozialen Medien zu nutzen und Ihre Geschäftsziele zu erreichen.

Lasst uns beginnen! Die Verschiednen Plattformen.

1. Die Verschiednen Plattformen.

Ein kurzer Überblick über die verschieden Social Media Plattformen.

1.1.Facebook

Facebook ist eine der weltweit führenden Social-Media-Plattformen. Ursprünglich im Jahr 2004 von Mark Zuckerberg und seinen Mitgründern entwickelt, hat sich Facebook zu einem bedeutenden globalen sozialen Netzwerk entwickelt. Hier ist eine kurze Beschreibung von Facebook:

Name: Facebook
Gründungsjahr: 2004

Beschreibung: Facebook ist eine Online-Plattform, auf der Benutzer Profile erstellen, Inhalte teilen, mit Freunden und Familie kommunizieren und sich mit anderen Nutzern vernetzen können. Die Plattform ermöglicht es den Benutzern, Statusaktualisierungen, Fotos, Videos und Links zu teilen. Die "Gefällt mir"-Funktion ermöglicht es den Nutzern, Beiträge von anderen zu bestätigen, und es gibt die Möglichkeit, Kommentare zu hinterlassen.
Funktionen:

- **Benutzerprofile:** Jeder Nutzer hat ein persönliches Profil, auf dem sie Informationen über sich selbst teilen können.

- **Freunde:** Nutzer können Freundschaftsanfragen senden und annehmen, um mit anderen Benutzern zu interagieren.

- **News Feed:** Der News Feed zeigt die neuesten Aktivitäten von Freunden und Seiten, denen man folgt.

- **Gruppen und Seiten:** Nutzer können Gruppen und Seiten erstellen oder beitreten, die ihren Interessen entsprechen.

- **Chat und Messaging:** Facebook bietet integrierte Messaging-Funktionen für direkte Kommunikation.

- **Veranstaltungen und Kalender:** Die Plattform ermöglicht das Erstellen, Teilen und Einladen zu Veranstaltungen.

- **Werbung und Geschäftsseiten:** Unternehmen können Facebook zur Werbung und Interaktion mit Kunden nutzen.

Zielgruppe: Facebook hat eine breite Nutzerbasis und ist für Menschen jeden Alters und aus verschiedenen Teilen der Welt zugänglich.
Facebook hat im Laufe der Jahre verschiedene Funktionen hinzugefügt und sich weiterentwickelt, um den sich ändernden Bedürfnissen der Nutzer gerecht zu werden. Die Plattform hat sich zu einem wichtigen Kommunikationsmittel, Werbekanal und Informationsquelle entwickelt.

1.2 Instagram

Instagram ist eine beliebte soziale Medienplattform, die sich auf das Teilen von Fotos und kurzen Videos konzentriert. Hier ist eine kurze Beschreibung von Instagram:

Name: Instagram
Gründungsjahr: 2010

Beschreibung: Instagram ist eine Social-Media-Plattform, die es Benutzern ermöglicht, Fotos und kurze Videos hochzuladen, zu teilen und mit anderen Nutzern zu interagieren. Die Plattform hebt sich durch visuell ansprechende Inhalte hervor und betont die Verwendung von Filtern und Bearbeitungswerkzeugen, um Bilder zu verbessern. Instagram wurde ursprünglich für mobile Geräte entwickelt, hat jedoch seitdem auch eine Web-Version eingeführt.

Funktionen:
- **Bild- und Video-Feeds:** Benutzer können Fotos und Videos in ihrem Feed anzeigen und mit "Gefällt mir"-Angaben und Kommentaren interagieren.
- **Stories:** Instagram Stories ermöglichen es Nutzern, temporäre Inhalte für 24 Stunden zu teilen, die in einer separaten Leiste oben im Feed erscheinen.
- **Direktnachrichten:** Benutzer können sich über direkte Nachrichten privat miteinander austauschen.
- **geografische Tags:** Die Verwendung von Ortsangaben ermöglicht es, Beiträge in thematischen Kategorien zu finden.
- **Live-Übertragungen:** Nutzer können Live-Streams starten und in Echtzeit mit ihrem Publikum interagieren.
- **Reels:** Eine Funktion, die es ermöglicht, kurze Videoclips mit Musik und Effekten zu erstellen und zu teilen.

Zielgruppe: Instagram ist besonders bei jüngeren Zielgruppen sehr beliebt, zieht jedoch Menschen jeden Alters an. Es ist eine

Plattform, die visuell orientiert ist und sich gut für das Teilen von kreativen Inhalten eignet.

Instagram hat sich im Laufe der Jahre zu einer wichtigen Plattform für visuelle Kommunikation, Influencer-Marketing und Markenpräsenz entwickelt. Es ist ein Ort, an dem Benutzer ihre Leidenschaften, Interessen und Geschichten durch Bilder und Videos teilen können.

1.3 Youtube

YouTube ist eine der weltweit führenden Video-Plattformen und ein soziales Netzwerk, das Benutzern ermöglicht, Videos hochzuladen, anzusehen und zu teilen. Hier ist eine kurze Beschreibung von YouTube:

Name: YouTube
Gründungsjahr: 2005

Beschreibung: YouTube ist eine Plattform für das Hochladen, Ansehen und Teilen von Videos. Benutzer können Videos zu einer Vielzahl von Themen erstellen, darunter Unterhaltung, Bildung, Musik, Nachrichten, Vlogs und vieles mehr. YouTube bietet eine breite Palette von Inhalten, von professionellen Produktionen bis hin zu Benutzer-generierten Videos.

Funktionen:

- **Video-Upload:** Benutzer können Videos hochladen, um sie mit der Welt zu teilen.

- **Kanäle:** Jeder Benutzer kann einen eigenen YouTube-Kanal erstellen, um Videos zu organisieren und zu teilen.

- **Abonnements:** Benutzer können Kanäle abonnieren, um Benachrichtigungen über neue Videos zu erhalten.

- **Kommentare und Interaktion:** Zuschauer können Videos kommentieren und mit anderen Nutzern und YouTubern interagieren.

- **Live-Streaming:** Die Plattform unterstützt Live-Übertragungen, bei denen Nutzer in Echtzeit mit ihrem Publikum kommunizieren können.

- **Werbung und Monetarisierung:** YouTuber können mit ihren Videos Geld verdienen, indem sie Werbung schalten und Einnahmen aus Anzeigen generieren.

Playlists: Benutzer können Playlists erstellen, um Videos zu einem bestimmten Thema oder einer bestimmten Reihenfolge zusammenzufassen.

Zielgruppe: YouTube zieht ein breites Publikum an, von jungen Nutzern, die Unterhaltung suchen, bis hin zu Fachleuten, die nach Anleitungen und Bildungsinhalten suchen. Es ist eine vielseitige Plattform, die nahezu jedes Interessensgebiet anspricht.
YouTube hat sich zu einer der wichtigsten Plattformen für Videoinhalte entwickelt und bietet die Möglichkeit, Informationen zu teilen, kreativ zu sein und ein Publikum aufzubauen. Es ist nicht nur ein Ort für Unterhaltung, sondern auch eine bedeutende Ressource für Bildung und Wissensvermittlung.

1.4. Pinterest

Pinterest ist eine Social-Media-Plattform, die sich auf die Entdeckung und das Teilen von visuellen Inhalten spezialisiert hat. Hier ist eine kurze Beschreibung von Pinterest:
Name: Pinterest

Gründungsjahr: 2010

Beschreibung: Pinterest ist eine visuelle Suchmaschine und Social-Media-Plattform, auf der Benutzer Bilder, Fotos und andere visuelle Inhalte, die sie interessant oder inspirierend finden, in thematischen Sammlungen, sogenannten "Boards," organisieren und teilen können. Die Plattform ermöglicht es Nutzern, Ideen und Inspirationen zu sammeln und in Form von Pins (Bilder oder Videos) zu speichern.
Funktionen:

- **Pins und Boards:** Benutzer können Pins auf Boards speichern und organisieren, die bestimmten Themen oder Interessen gewidmet sind.
- **Suche und Entdeckung:** Die Plattform dient als visuelle Suchmaschine, auf der Nutzer nach Ideen, Projekten, Produkten und Inspirationen suchen können.
- **Shopping:** Pinterest ermöglicht es Benutzern, Produkte direkt von Pins zu kaufen, wodurch es auch als E-Commerce-Plattform dient.
- **Folgen:** Nutzer können anderen Nutzern und Boards folgen, um Inhalte zu sehen, die sie interessieren.

- **Rezepte und DIY-Anleitungen:** Pinterest ist besonders bekannt für seine Sammlungen von Rezepten, Heimwerkerprojekten und kreativen Ideen.
- **Analytics für Unternehmen:** Unternehmen können Pinterest als Marketingplattform nutzen und Einblicke in die Leistung ihrer Pins erhalten.

Zielgruppe: Pinterest zieht eine breite Palette von Nutzern an, darunter Menschen, die sich für Mode, Kochen, Handwerk, Inneneinrichtung, Reisen und andere visuell orientierte Interessen interessieren.

Pinterest hebt sich durch sein Fokus auf visuelle Inspiration und Ideensammlungen hervor. Die Plattform wird häufig von Nutzern genutzt, um Projekte zu planen, Produkte zu entdecken und kreative Ideen zu finden, was sie zu einer einzigartigen Ressource für Inspiration und Einkaufserlebnisse macht.

1.5. LinkedIn

LinkedIn ist eine professionelle Social-Media-Plattform, die sich auf die berufliche Vernetzung und Karriereentwicklung spezialisiert hat. Hier ist eine kurze Beschreibung von LinkedIn:

Name: LinkedIn

Gründungsjahr: 2002

Beschreibung: LinkedIn ist eine Online-Plattform, auf der Berufstätige und Fachleute Profile erstellen, berufliche Kontakte knüpfen, Branchenkenntnisse teilen und berufliche Entwicklungen verfolgen können. Die Plattform konzentriert sich auf berufliche Vernetzung, Rekrutierung und die Förderung von Geschäftsmöglichkeiten.

Funktionen:

- **Berufliche Profile:** Nutzer erstellen detaillierte Profile, die ihre beruflichen Erfahrungen, Qualifikationen, Fähigkeiten und Interessen darstellen.

- **Vernetzung:** Benutzer können berufliche Kontakte hinzufügen und mit Kollegen, Kunden und Branchenexperten vernetzt bleiben.

- **Nachrichten und Chats:** LinkedIn bietet Messaging-Funktionen, um berufliche Gespräche zu führen und Informationen auszutauschen.

Jobsuche: Die Plattform dient als Stellenbörse, auf der Unternehmen Stellenanzeigen veröffentlichen und Bewerber suchen können.

Inhaltserstellung: Nutzer können Artikel, Beiträge und Präsentationen teilen, um ihr Wissen und ihre Meinungen mit anderen zu teilen.

Gruppen: LinkedIn-Gruppen ermöglichen es Mitgliedern, sich zu bestimmten Branchenthemen oder Interessen auszutauschen.

Unternehmensseiten: Unternehmen können LinkedIn-Seiten erstellen, um ihre Markenpräsenz auf der Plattform zu stärken.

Zielgruppe: LinkedIn richtet sich an Fachleute, Geschäftsleute, Arbeitssuchende, Unternehmer und alle, die berufliche Kontakte knüpfen und berufliche Chancen suchen oder fördern möchten.

LinkedIn ist eine wichtige Plattform für berufliche Vernetzung, Personalbeschaffung und Karriereentwicklung. Es ermöglicht es Benutzern, ihre berufliche Identität online zu gestalten und in beruflichen Diskussionen und Geschäftschancen aktiv zu sein.

Notizen:

1.6 TikTok.

TikTok ist eine Social-Media-Plattform, die sich auf das Teilen von kurzen, kreativen Videos konzentriert. Hier ist eine kurze Beschreibung von TikTok:
Name: TikTok
Gründungsjahr: 2016

Beschreibung: TikTok ist eine App, auf der Benutzer kurze Videos erstellen, bearbeiten und teilen können. Die Videos haben in der Regel eine Länge von 15 bis 60 Sekunden und können verschiedene kreative Inhalte wie Musik, Tanz, Comedy, DIY-Projekte, Challenges und mehr enthalten. TikTok hebt sich durch seinen Fokus auf Benutzer-generierte, unterhaltsame Kurzvideos hervor.

Funktionen:

- **Videoerstellung:** Benutzer können Videos direkt in der App aufnehmen oder vorhandene Clips hochladen und bearbeiten.
- **Musik und Soundtracks:** TikTok bietet eine umfangreiche Bibliothek mit Musik- und Soundeffekten, die in Videos verwendet werden können.
- **Hashtags und Trends:** TikTok nutzt Hashtags, um Trends und Herausforderungen zu fördern, die von Benutzern weltweit verfolgt werden können.
- **Interaktion:** Benutzer können auf Videos mit "Gefällt mir"-Angaben, Kommentaren und Weiterleitungen (Shares) reagieren.
- **Livestreaming:** TikTok ermöglicht es Benutzern, Live-Videos zu erstellen und in Echtzeit mit ihrem Publikum zu interagieren.
- **Duett-Funktion:** Nutzer können auf Videos anderer Nutzer reagieren und zusammen mit ihnen in geteilten Videos erscheinen.

Zielgruppe: TikTok ist bei jüngeren Zielgruppen, insbesondere bei Teenagern und jungen Erwachsenen, äußerst beliebt. Die Plattform zieht jedoch Menschen jeden Alters an, die Spaß an kreativen Kurzvideos haben.

TikTok hat in kürzester Zeit eine massive weltweite Nutzerbasis aufgebaut und sich als ein Ort etabliert, an dem Benutzer ihre Kreativität ausleben, Trends entdecken und sich mit anderen unterhalten können. Es ist auch für Influencer-Marketing und das Entdecken neuer Musik und Trends von großer Bedeutung.

1.8. VKontakte, oft abgekürzt als VK, ist eine der größten sozialen Netzwerke in Russland und den GUS-Staaten. Es bietet eine Vielzahl von Funktionen, darunter Profile, Nachrichten, Gruppen, Events und das Teilen von Inhalten wie Fotos und Videos. VKontakte ist eine Plattform, auf der Nutzer sich vernetzen, kommunizieren und Inhalte teilen können. Es wurde 2006 gegründet und ist besonders in den russischsprachigen Ländern beliebt.

Notizen:

1.8 Podcast

Ein Podcast ist eine digitale Audio- oder Videoaufzeichnung, die über das Internet gestreamt oder heruntergeladen werden kann. Podcasts sind in der Regel in Form von Serien verfügbar und können zu einer Vielzahl von Themen und Interessenbereichen erstellt werden. Hier ist eine kurze Beschreibung von Podcasts:

Gründungsjahr: Das Konzept des Podcasts entstand in den frühen 2000er Jahren, und der Begriff "Podcast" wurde 2004 geprägt.

Beschreibung: Ein Podcast ist eine Serie von digitalen Audio- oder Videoinhalten, die regelmäßig veröffentlicht werden. Diese Inhalte können Nachrichten, Interviews, Diskussionen, Erzählungen, Anleitungen oder Unterhaltung zu verschiedenen Themen abdecken. Podcasts sind normalerweise abrufbar und können auf einer Vielzahl von Plattformen, darunter Podcast-Apps und Websites, gestreamt oder heruntergeladen werden.

Funktionen:

- **Serien:** Podcasts bestehen aus aufeinanderfolgenden Episoden, die sich oft mit demselben Thema befassen.

- **Abonnement:** Hörer können Podcasts abonnieren, um automatische Updates für neue Episoden zu erhalten.

- **Vielfältige Themen:** Podcasts decken eine breite Palette von Themen ab, von Bildung und Nachrichten bis hin zu Unterhaltung und Hobbys.

- **Interviews und Gespräche:** Viele Podcasts beinhalten Gespräche und Interviews mit Experten, Prominenten oder Fachleuten.

- **Hören unterwegs:** Hörer können Podcasts unterwegs über Mobilgeräte oder Computer anhören.

- **Werbeintegration:** Podcasts bieten Möglichkeiten für Werbung und Sponsoring, was für Produzenten Einnahmequellen schafft.

Zielgruppe: Podcasts sind für Menschen jeden Alters und für unterschiedliche Interessen geeignet. Hörer können Podcasts je nach ihren individuellen Vorlieben auswählen.

Podcasts haben in den letzten Jahren an Popularität gewonnen und sind zu einer wichtigen Plattform für Informationen, Unterhaltung und Bildung geworden. Sie bieten eine flexible Möglichkeit, Audioinhalte anzuhören, sei es beim Pendeln, beim Sporttreiben oder in der Freizeit. Podcasts ermöglichen es den Produzenten, ihre Leidenschaften und Expertise zu teilen und ein Publikum aufzubauen.

2. Welche Plattform ist für mein Geschäft wichtig?

Die Wahl der richtigen Social Media-Plattform für Ihr Geschäft hängt von verschiedenen Faktoren ab, darunter Ihre Zielgruppe, Branche und die Art Ihrer Produkte oder Dienstleistungen. Hier sind einige Empfehlungen für verschiedene Arten von Geschäften:

1. Facebook:
   - Empfohlen für: Die meisten Geschäftstypen
   - Zielgruppe: Breite Nutzerbasis, gut für B2C und B2B.
   - Besonderheiten: Dient zur Kundengewinnung und -bindung, bietet bezahlte Werbemöglichkeiten.

2. Instagram:
   - Empfohlen für: Unternehmen mit visuell ansprechenden Produkten oder Dienstleistungen.
   - Zielgruppe: Hauptsächlich jüngere Zielgruppen und kreative Branchen.
   - Besonderheiten: Betont Bilder und Videos, Instagram Stories und Shopping-Funktionen.

3. YouTube:
   - Empfohlen für: Unternehmen, die Videoinhalte erstellen können und detaillierte Erklärungen oder Tutorials anbieten möchten.
   - Zielgruppe: Breite Nutzerbasis, ideal für visuelle Inhalte.
   - Besonderheiten: Video-Plattform für ausführliche Inhalte, Monetarisierungsmöglichkeiten.

4. Pinterest:
   - Empfohlen für: Unternehmen mit visuellen, DIY- oder Lifestyle-Produkten.
   - Zielgruppe: Hauptsächlich weibliche Nutzer und kreative Interessen.
   - Besonderheiten: Sammlungen von visuellen Ideen, Shopping-Funktionen.

5. LinkedIn:
   - Empfohlen für: B2B-Unternehmen, Fachleute und Unternehmen im professionellen Umfeld.

- Zielgruppe: Geschäftsleute, Fachleute, Rekrutierung.
- Besonderheiten: Berufliche Vernetzung, Personalbeschaffung, Content-Marketing.

6. TikTok:

- Empfohlen für: Unternehmen, die kreative Videos erstellen können und eine jüngere Zielgruppe ansprechen möchten.
- Zielgruppe: Hauptsächlich jüngere Nutzer, die unterhaltsame Inhalte mögen.
- Besonderheiten: Kurze, unterhaltsame Videos, Challenges und Trends.

Es ist wichtig, die Plattform auszuwählen, die am besten zu Ihrem Geschäft und Ihren Marketingzielen passt. Es kann auch sinnvoll sein, auf mehreren Plattformen aktiv zu sein, abhängig von Ihrer Zielgruppe und Ihren Ressourcen. Achten Sie darauf, regelmäßig Inhalte zu veröffentlichen und mit Ihrem Publikum zu interagieren, um den größtmöglichen Nutzen aus Ihren Social-Media-Aktivitäten zu ziehen.

Notizen:

3. Der "Content"

in Bezug auf Social Media bezieht sich auf die verschiedenen Arten von Inhalten, die Sie auf Ihren Social-Media-Plattformen erstellen und teilen, um Ihr Publikum anzusprechen, zu engagieren und zu informieren. Hier sind einige gängige Arten von Social-Media-Inhalten:

- **Text-Posts:** Einfache Statusaktualisierungen, Nachrichten, Zitate oder Texte, die eine Botschaft oder Information vermitteln.

- **Bilder und Fotos:** Visuelle Inhalte, darunter Fotos von Produkten, Veranstaltungen, Mitarbeitern oder anderen relevanten Themen.

- **Videos:** Kurze Clips, Tutorials, Produktvorstellungen oder Live-Streams, die auf Plattformen wie YouTube, Instagram, TikTok und Facebook geteilt werden können.

- **Infografiken:** Grafische Darstellungen von Daten, Fakten oder Anleitungen, die Informationen leicht verständlich machen.

- **Links zu Artikeln oder Blog-Beiträgen:** Verlinkungen zu relevanten Inhalten auf Ihrer Website oder anderen Websites.

- **Umfragen und Fragen:** Interaktive Inhalte, die Ihr Publikum zur Meinungsäußerung oder zur Beantwortung von Fragen anregen.

- **User-Generated Content (UGC):** Inhalte, die von Ihren Followern oder Kunden erstellt wurden, wie Bewertungen, Fotos von Produkten oder Erfahrungsberichte. *Siehe 6. Influencer

- **Geschichten (Stories):** Kurzlebige Inhalte, die in Form von Bildern oder Videos auf Plattformen wie Instagram und Facebook für 24 Stunden sichtbar sind.

- **Hashtags und Trends:** Beiträge, die in trendige Hashtags eingebunden sind, um Ihre Sichtbarkeit zu erhöhen und an aktuellen Trends teilzunehmen.
- **Podcasts:** Audioinhalte, die auf Plattformen wie Spotify oder Apple Podcasts geteilt werden und sich ideal für längere Diskussionen oder Interviews eignen.

Der Schlüssel zu erfolgreichem Social-Media-Content liegt darin, relevante und ansprechende Inhalte zu erstellen, die die Bedürfnisse und Interessen Ihrer Zielgruppe berücksichtigen. Denken Sie daran, dass unterschiedliche Plattformen unterschiedliche Arten von Inhalten bevorzugen, daher ist es wichtig, Ihre Strategie an die jeweilige Plattform anzupassen. Interaktion, Kreativität und Konsistenz sind Schlüsselelemente für effektiven Social-Media-Content.

Notizen:

5. Paid Social Advertising (Bezahl-Werbung)

Werbung für Social Media bezieht sich auf bezahlte Werbeanzeigen oder Kampagnen, die auf verschiedenen Social-Media-Plattformen geschaltet werden, um ein breites oder gezieltes Publikum zu erreichen. Hier ist eine kurze Beschreibung von Anzeigen für Social Media

Beschreibung: Social Media Werbung ist eine Marketingstrategie, bei der Unternehmen oder Organisationen bezahlte Anzeigen auf Plattformen wie Facebook, Instagram, LinkedIn, Pinterest und andere schalten, um ihre Markenbekanntheit zu steigern, Produkte oder Dienstleistungen zu bewerben und die Interaktion mit ihrem Publikum zu fördern. Diese Anzeigen können in verschiedenen Formaten, wie Bildern, Videos, Karussells oder Stories, erstellt werden.
Funktionen:

- **Zielgruppenauswahl:** Werbetreibende können ihre Zielgruppe anhand von Kriterien wie Alter, Geschlecht, Interessen und Standort gezielt ansprechen.

- **Budget und Gebotsstrategien:** Anzeigen können mit festgelegten Budgets und Geboten geschaltet werden, um die Kosten zu steuern.

- **Analytik und Berichterstattung:** Plattformen bieten detaillierte Analysen, um den Erfolg von Anzeigen zu verfolgen und zu optimieren.

- **Kampagnenziele:** Werbetreibende können verschiedene Ziele wie Markenbekanntheit, Traffic, Conversions oder App-Installationen festlegen.

Arten von Social Media Werbung:

- **Facebook-Werbung:** Schaltung von Anzeigen auf Facebook und Instagram.

- **Instagram-Werbung:** Bewerbung von Produkten und Dienstleistungen über Bilder und Videos.

- **LinkedIn-Werbung:** Business-orientierte Werbung und B2B-Marketing.

- **Pinterest-Werbung:** Produktwerbung mit visuellen Pins und Shopping-Funktionen.

Zielgruppe: Social Media Werbung richtet sich an Unternehmen, Marken, Unternehmer und Organisationen, die ihre Reichweite erhöhen, Kunden gewinnen oder bestimmte Ziele erreichen möchten.
Social Media Werbung bietet Unternehmen die Möglichkeit, ihre Produkte oder Dienstleistungen einem breiten oder gezielten Publikum vorzustellen und ihre Marketingziele zu erreichen. Die Möglichkeiten zur Personalisierung und die detaillierten Analysen ermöglichen es, Werbekampagnen zielgerichtet zu gestalten und den Erfolg zu messen.

Notizen:

6. Influencer

Influencer Marketing bezieht sich auf eine Marketingstrategie, bei der Unternehmen mit einflussreichen Personen, sogenannten Influencern, zusammenarbeiten, um Produkte oder Dienstleistungen zu bewerben und ihr Publikum zu erreichen. Hier ist eine kurze Beschreibung des Influencer Marketings:

Beschreibung: Influencer Marketing ist eine Marketingstrategie, bei der Marken mit Personen, die in sozialen Medien oder in bestimmten Nischenbereichen eine große und engagierte Anhängerschaft haben, zusammenarbeiten. Diese Influencer, die aufgrund ihres Fachwissens, ihrer Authentizität oder ihres Unterhaltungswerts vertrauenswürdig und einflussreich sind, helfen dabei, Produkte oder Dienstleistungen zu bewerben und das Bewusstsein für Marken zu steigern.
Funktionen:

- **Zusammenarbeit mit Influencern:** Marken identifizieren geeignete Influencer, die zu ihren Produkten oder Zielen passen, und schließen Partnerschaften ab.

- **Content-Erstellung:** Influencer erstellen Inhalte, die das beworbene Produkt oder die Dienstleistung auf ansprechende und authentische Weise präsentieren.

- **Zielgruppenansprache:** Influencer sprechen ihre eigene, oft loyale Anhängerschaft an und fördern so die Markenbotschaft.

- **Vertrauen und Glaubwürdigkeit:** Influencer genießen das Vertrauen ihres Publikums, was die Glaubwürdigkeit der beworbenen Produkte erhöht.

- **Messbare Ergebnisse:** Erfolg und Effektivität von Influencer Marketing-Kampagnen können durch Analysen und Kennzahlen wie Reichweite, Engagement und Conversions gemessen werden.

Arten von Influencern:

- **Celebrity Influencing**: Persönlichkeiten des Öffentlichen Lebens mixt Anhängerschaften über 1million Following.

- **Makro-Influencing:** Personen mit einer großen Anhängerschaft von oft über 100.000 Following.

- **Mikro-Influencing:** Personen mit einer kleineren, aber hoch engagierten Anhängerschaft von 1.000 bis 100.000 Followern.

- **Nano-Influencing:** Personen mit einer sehr kleinen, aber äußerst engagierten Anhängerschaft von weniger als 1.000 Followern.

Zielgruppe: Influencer Marketing richtet sich an Unternehmen, die ihre Zielgruppe auf authentische und glaubwürdige Weise ansprechen möchten. Es kann für verschiedene Branchen und Produkte genutzt werden.
Influencer Marketing ist eine effektive Möglichkeit, Produkte oder Dienstleistungen zu bewerben, das Publikum zu erreichen und Vertrauen in die Marke aufzubauen. Durch die Zusammenarbeit mit Influencern können Unternehmen gezielte Zielgruppen ansprechen und von der bestehenden Reichweite und Glaubwürdigkeit der Influencer profitieren.

Notizen:

7. Eine Strategie.

Eine effektive Social Media-Strategie für Einzelunternehmen und Kleinunternehmen sollte auf die spezifischen Bedürfnisse und Ressourcen Ihres Unternehmens zugeschnitten sein. Hier ist eine grundlegende Schritt-für-Schritt-Strategie, die Ihnen als Leitfaden dienen kann:

1. Zielsetzung:
   - Definieren Sie klare und messbare Ziele für Ihre Social Media-Aktivitäten. Beispiele könnten sein: Erhöhung der Markenbekanntheit, Steigerung des Website-Traffics, Generierung von Leads oder Verkaufsförderung.

2. Zielgruppenanalyse:
   - Identifizieren Sie Ihre Zielgruppe und verstehen Sie deren Bedürfnisse, Interessen und Online-Verhalten. Dies hilft Ihnen, relevante Inhalte zu erstellen.

3. Plattformauswahl:
   - Wählen Sie die Social-Media-Plattformen aus, die am besten zu Ihrem Geschäft und Ihrer Zielgruppe passen. Dies könnte Facebook, Instagram, LinkedIn, Twitter oder andere Plattformen umfassen.

4. Content-Strategie:

   - Erstellen Sie eine Content-Strategie, die regelmäßige und ansprechende Inhalte festlegt. Dies könnte Texte, Bilder, Videos, Blog-Beiträge und mehr umfassen. Achten Sie auf konsistente Veröffentlichungen.

5. Inhalte erstellen:
   - Produzieren Sie qualitativ hochwertige Inhalte, die die Bedürfnisse und Interessen Ihrer Zielgruppe ansprechen. Denken Sie daran, dass visuelle Inhalte oft besonders gut funktionieren.

6. Community-Aufbau:

   - Bauen Sie eine Community auf, indem Sie aktiv mit Ihren Followern interagieren. Beantworten Sie Fragen, reagieren Sie auf Kommentare und engagieren Sie sich in Diskussionen.

7. Werbung und Promotion:

   - Erwägen Sie den Einsatz bezahlter Werbung auf Social Media-Plattformen, um Ihre Reichweite zu steigern und gezielte Zielgruppen anzusprechen.

8. Analyse und Anpassung:

- Überwachen Sie Ihre Social-Media-Aktivitäten und verwenden Sie Analysetools, um den Erfolg zu messen. Passen Sie Ihre Strategie entsprechend an, um Ihre Ziele zu erreichen.

9. Zeitmanagement:
- Planen Sie Ihre Beiträge und Aktivitäten im Voraus, um die Konsistenz und Effizienz sicherzustellen.

10. Training und Ressourcen:

- Stellen Sie sicher, dass Sie oder Ihr Team über die notwendigen Fähigkeiten verfügen, um effektiv auf Social Media zu agieren. Investieren Sie bei Bedarf in Schulungen oder Outsourcing.

11. Reaktion auf Feedback:

- Nehmen Sie das Feedback Ihrer Zielgruppe ernst und nutzen Sie es zur Verbesserung Ihrer Produkte, Dienstleistungen und Ihrer Social Media-Strategie.

Denken Sie daran, dass Social Media-Strategien Zeit und Engagement erfordern. Es ist wichtig, realistische Erwartungen zu haben und sich darauf zu konzentrieren, echte Beziehungen zu Ihrer Zielgruppe aufzubauen. Mit kontinuierlicher Anstrengung können Sie Ihr Social Media-Marketing zu einem wertvollen Instrument für Ihr Klein- oder Einzelunternehmen machen.

8. Zusammenfassung

Social Media Marketing ist eine Strategie, bei der Unternehmen Social Media-Plattformen nutzen, um ihre Markenbekanntheit zu steigern, Kunden zu gewinnen und mit ihrem Publikum zu interagieren. Diese Marketingpraxis umfasst das Erstellen von relevanten und ansprechenden Inhalten, die auf Plattformen wie Facebook, Instagram, Twitter und LinkedIn geteilt werden, um verschiedene Ziele zu erreichen, von der Steigerung des Website-Traffics bis zur Generierung von Leads und Verkäufen.

Die Schlüsselaspekte des Social Media Marketings sind die Identifizierung und Ansprache der Zielgruppe, die Auswahl der geeigneten Plattformen, die Entwicklung einer Content-Strategie, die Erstellung von hochwertigen Inhalten, die Interaktion mit der Community, die Nutzung von bezahlter Werbung, die regelmäßige Analyse und Anpassung der Strategie sowie die Integration von Influencern, wenn dies angebracht ist.

Social Media Marketing bietet Unternehmen die Möglichkeit, mit ihren Kunden in Kontakt zu treten, das Markenimage zu fördern und die Reichweite zu erweitern. Es ist eine leistungsstarke Möglichkeit, um eine Online-Präsenz aufzubauen, Kundenbindung zu erhöhen und letztendlich den Geschäftserfolg zu steigern.

Weitere Informationen zum Thema Social Media Marketing:

1. Ziele und Nutzen:

- Social Media Marketing ermöglicht Unternehmen, mehrere Ziele zu erreichen, darunter:
- Steigerung der Markenbekanntheit.
- Kundenbindung und -pflege.
- Steigerung des Website-Traffics.
- Generierung von Leads und Konversionen.
- Verbesserung der Kundenkommunikation und -support.
- Marktforschung und Wettbewerbsanalyse.

2. Zielgruppenauswahl:

- Eine der grundlegenden Entscheidungen im Social Media Marketing ist die Auswahl der Zielgruppe. Dies erfordert eine genaue Analyse der demografischen und psychografischen Merkmale Ihrer idealen Kunden.

3. Content-Erstellung:

- Die Erstellung von qualitativ hochwertigen Inhalten ist entscheidend. Dies kann Text, Bilder, Videos, Infografiken oder Live-Streams umfassen. Inhalte sollten relevant, ansprechend und für die Zielgruppe von Wert sein.

4. **Content-Veröffentlichung:**
   - Die Veröffentlichung von Inhalten sollte konsistent und geplant erfolgen. Der Zeitpunkt der Veröffentlichung kann je nach Plattform und Zielgruppe variieren.

5. **Engagement und Interaktion:**
   - Social Media Marketing erfordert eine aktive Interaktion mit der Community. Das Beantworten von Kommentaren, das Reagieren auf Nachrichten und das Teilnehmen an Diskussionen sind entscheidend, um eine starke Online-Präsenz aufzubauen.

6. **Paid Social Advertising:**
   - Unternehmen können bezahlte Werbung auf Social Media-Plattformen schalten, um ihre Reichweite zu steigern und gezielt Zielgruppen anzusprechen. Dies kann in Form von Anzeigen, Promoted Posts oder Sponsored Stories erfolgen.

7. **Analysen und Kennzahlen:**
   - Die Leistung Ihrer Social Media-Marketingaktivitäten sollte mit Hilfe von Analysen und Kennzahlen gemessen werden. Plattformen bieten Einblicke in Reichweite, Engagement, Klicks und Konversionen.

8. **Influencer Marketing:**
   - Die Zusammenarbeit mit Influencern kann eine leistungsstarke Methode sein, um Produkte oder Dienstleistungen zu bewerben und ein breiteres Publikum zu erreichen.

9. **Trends und Entwicklungen:**

   - Das Social Media Marketing ist ständigen Veränderungen unterworfen. Es ist wichtig, auf aktuelle Trends und Entwicklungen, wie Live-Video, Stories und Augmented Reality, aufmerksam zu sein.

Social Media Marketing ist zu einem entscheidenden Instrument für Unternehmen geworden, um mit Kunden zu interagieren und Wachstum zu fördern. Die Anpassung an die Bedürfnisse und Vorlieben Ihrer Zielgruppe, das Testen verschiedener Strategien und die regelmäßige Anpassung Ihrer Taktiken sind Schlüsselelemente für den Erfolg in diesem Bereich.

9. Über den Autor

Maximilian Rossmann ist ein erfahrener Fachmann und Agenturinhaber auf dem Social Media Gebiet und verfügt über mehrere Jahre Erfahrung. Er hat umfangreiche Kenntnisse in Social Media Marketing und hat zahlreiche Projekte und Arbeiten in diesem Bereich erfolgreich abgeschlossen.

Maximilian Rossmann ist ein Experte, der stets bestrebt ist, Wissen und Erfahrungen zu teilen. Sein Engagement für Exzellenz und sein Verständnis für Digitale Kommunikation.

Entdecken Sie mehr, kontaktieren Sie mich heute, für ein Strategie Gespräch.
Lassen Sie uns gemeinsam Lösungen finden und neue Wege erkunden, um Social Media für Sie oder Ihr Unternehmen zu meistern. Ich freuen uns auf den Austausch von Ideen und die Zusammenarbeit mit Ihnen. Zögern Sie nicht und kontaktieren Sie mich.

Gerne unterstütze ich Sie dabei Ihr Social Media für Ihr Geschäft Aufzubauen oder wenn Sie fragen zu diesem Booklet haben.

Hier:
Instagram:
@Maxrassg

Whatsapp: